SUR LA NÉCESSITÉ

DE METTRE AU CONCOURS

LE MONUMENT

DE NAPOLÉON

PARIS

IMPRIMERIE DE DUCESSOIS,

Quai des Grands-Augustins, 55. (Près le Pont-Neuf.)

Août 1840.

On pourrait dire des choses assez piquantes, si l'on voulait faire l'histoire de ce petit écrit ; mais d'abord une telle histoire serait, ainsi que les travaux de la plupart des commentateurs, beaucoup plus volumineuse que le texte ; et, en second lieu, l'embarras des détails dans lesquels il faudrait entrer se trouverait peu en harmonie avec l'objet très-sérieux et très-important qui est ici en question.

Il suffira d'avertir le lecteur que ces réflexions sont nées dans le sein d'une réunion d'artistes, rassemblés par suite d'une circonstance particulière ; l'un d'eux s'étant efforcé de coordonner les principales idées émises dans la conversation au sujet du *monument de Napoléon*, plusieurs pensèrent que la publication de son travail pourrait être de quelque utilité. On désire que les personnes sous les yeux desquelles il tombera en jugent de même.

SUR LA NÉCESSITÉ

DE METTRE AU CONCOURS

LE MONUMENT DE NAPOLÉON

Tout entier à des études qu'il chérit, l'artiste borne toutes ses prétentions à obtenir, par des travaux persévérants, une gloire qui se résout, en dernière analyse, à voir ses efforts couronnés par le suffrage des connaisseurs ; il invoque à toute heure le dieu qui communique à ses heureux adeptes les subites inspirations, les émotions qui élèvent l'âme et l'embrasent du feu sacré ; il cherche et trouve ses uniques distractions dans la contemplation des chefs-d'œuvre de ses devanciers, et plus encore dans le tableau sublime de la nature. Bien rarement il lui arrive de descendre sur la place publique, même lorsqu'il s'agit de questions qui l'intéressent essentiellement, et dont la solution dans un sens ou dans l'autre peut devenir pour l'art lui-même fort utile ou fort dommageable. Il craint d'user ses forces dans les discussions brûlantes de la politique qui, troublant et abaissant ses idées, les détournent du but qu'il s'efforce d'atteindre et en vue duquel il doit utiliser tous les instants d'une vie toujours trop courte pour un esprit capable de concevoir et d'exécuter les grandes choses.

Cependant, si une décision fâcheuse pour l'art a été prise, si l'intrigue a triomphé dans une question importante, si des mesures d'une économie inopportune viennent amincir et amoindrir ce qui d'abord se présentait sous l'aspect le plus imposant, l'artiste déplore ce qui lui semble un inconcevable aveuglement; parfois même il regrette de ne s'être pas mêlé à la discussion publique, ses raisonnements étaient si nets, si justes, si bien fondés; le côté vrai de la chose lui apparaissait avec tant d'évidence, qu'il ne peut se persuader que d'autres n'aient pas vu tout cela comme il le voit, ou n'aient pas été compris. Des milliers d'objections qu'il trouve sans réplique s'offrent à lui; c'est moins encore le mal qui a pu être fait qui l'occupe, c'est surtout le bien que l'on aurait pu faire. Le cours des idées de l'artiste ressemble alors à ces sources abondantes qui surgissent tout à coup sur un point où l'on ne croyait pas qu'elles pussent naître; d'abord elles détruisent tout ce qui gêne leur libre émission : mais lorsque ce premier trouble et le dérangement qui en résulte, sont apaisés, on bénit cette source bienfaisante, on porte envie aux heureux possesseurs des terrains sur lesquels elle est éclose, et vers lesquels son cours se développe; car elle amène partout la fécondité et le bonheur. Telles sont les pensées de l'artiste; telles sont aussi celles qui se montreront dans cet écrit.

Les restes mortels de l'empereur Napoléon vont être rendus à la France, et l'on va ériger un monument à la mémoire de l'homme qui, même aux yeux de ceux qui le jugent le plus défavorablement, reste le personnage le plus extraordinaire des temps modernes.

Lorsque cette décision fut connue, les vrais artistes, envisageant la question sous le seul point de vue dont ils aient à s'occuper, y trouvèrent non-seulement une nouvelle occasion d'accroître le nombre des œuvres remarquables qui décorent la capitale, mais encore celle de pousser l'art sur un terrain où le génie cherche et rencontre d'ordinaire les véritables inspirations. Nous croyons pouvoir nous donner comme leur interprète, et faire entendre en cette circonstance solennelle une voix qui cessera d'être faible si, comme nous l'espérons, elle est écoutée, approuvée et secondée par l'opinion publique, dont nous ne craignons pas de nous dire les vrais organes, en réclamant l'ouverture d'un concours pour le monument funéraire qui doit être érigé à Napoléon.

Jamais, en effet, l'utilité, et même la nécessité du concours, ne s'est fait plus vivement sentir qu'en cette grande et magnifique occasion. Ce n'est plus seulement de la meilleure exécution qu'il s'agit, ce qui par-dessus tout doit être considéré, c'est la conception d'un programme digne de son objet, c'est la création d'une idée neuve et grandiose, dont la première des conditions est d'être, autant que possible, l'expression vraie de l'opinion publique tout entière. Or, en une pareille circonstance, n'y aurait-il pas imprudence et témérité à se donner, sans discussion préalable, et de son autorité privée, pour représentant de cette opinion ? Quelqu'un oserait-il imposer au public, sans l'avoir consulté, les produits d'une imagination particulière, quelque brillante, quelque féconde qu'on puisse d'ailleurs la supposer?

Souvent on a vu les concours produire au grand jour des talents inconnus. Il n'est pas besoin d'insister sur ce fait que personne ne conteste ; mais on peut remarquer que jamais sujet ne fut plus susceptible de décider le premier élan du génie, de le faire sortir de cet état d'agitation inquiète dans lequel il vit jusqu'à ce qu'il ait trouvé à répandre au dehors sa puissance créatrice, don inappréciable départi seulement à un petit nombre d'élus ; mais qui, n'étant pour ainsi dire qu'un surcroît d'existence, consumerait rapidement celui qui le possède, s'il demeurait concentré et ne trouvait à se produire. Sans rappeler ici les célèbres concours qui eurent lieu dans les dernières années de l'autre siècle, et qui offrirent tant de beaux projets de monuments, dont malheureusement l'idée fut abandonnée, sans parler du célèbre tableau de la *Bataille d'Ey-*

lau, où le génie de l'immortel Gros développa, dans un sujet digne de lui, son énergique puissance, a-t-on déjà oublié que les concours qui ont eu lieu récemment, ont produit, entre autres résultats satisfaisants, le *Fronton* de la Madeleine, Notre-Dame-de-Lorette, le *Napoléon* de la colonne, les tableaux de la chambre des députés et les monnaies à l'effigie de Louis-Philippe? N'est-ce pas aussi aux concours que sont donnés les travaux qui s'exécutent dans les départements?

Un autre avantage des concours, c'est le grand nombre de projets qu'ils font surgir; non-seulement on a la facilité, nous voudrions pouvoir dire l'embarras du choix, mais l'idée première de tous les projets présentés se trouvant acquise au projet définitif dont le droit est d'absorber tout ce qui a été offert de bon et de susceptible de se lier à son plan, il en résulte que les projets incohérents, ou même extravagants, qui offriraient de bonnes parties de détail appliquées hors de propos, ne sont point perdus, et peuvent fournir d'excellentes idées à l'artiste expérimenté qui a toute raison d'en tirer parti, ne faisant, comme Molière, *que reprendre son bien où il le trouve.*

Et ce n'est pas sans motif que nous faisons cette remarque; car, dans un concours tel que celui que nous appelons, il n'y aurait nullement lieu de s'étonner que parmi les concurrents il s'en trouvât qui ne fussent point artistes : loin de s'en plaindre, il faudrait s'en féliciter. Ne serait-il pas, en effet, imposant et glorieux de voir les hommes instruits de toutes les professions éprouver le désir et l'envie d'entrer pour quelque chose dans l'érection d'un monument élevé à l'un des génies tutélaires de la France; monument posthume qui ne saurait plus être l'œuvre de la flatterie; monument réparateur d'une injure inouïe; monument élevé non plus seulement à la grandeur puissante, glorieuse et révérée, mais à la grandeur quelque temps oubliée et méconnue, mais plus couverte de gloire que jamais? Qui ne se sentirait exalté par l'idée de voir son nom attaché à un pareil monument, dont l'objet est unique dans les fastes de l'art?

C'est aussi cette immensité du sujet qui nous rassure sur la difficulté de trouver les juges du concours, et qui nous tranquillise sur leur décision. Pourrait-elle, en effet, se trouver entachée de partialité en une occasion semblable ? Quels qu'ils fussent, ne songeraient-ils pas à mériter le beau titre d'interprètes de la pensée nationale ? Ne se rappelleraient-ils pas qu'ici l'*art* bien plus que l'*artiste* serait en cause ? que la gloire et l'honneur du pays se trouveraient liés à leur jugement ? qu'un choix partial ou peu éclairé pèserait éternellement sur leur mémoire ? Gardons-nous d'une telle pensée : c'est une injure. Oui, l'on saura trouver des juges qui accompliront honorablement leur belle mission, qui, le reste de leur vie, se feront gloire d'avoir doté la France d'un monument digne d'elle, digne de la grande époque, et du grand homme dont il doit éterniser matériellement le souvenir.

Cette voie du concours que nous réclamons aujourd'hui, avec la ferme conviction qu'elle est le moyen le plus propre pour obtenir un résultat satisfaisant, nous devons vivement regretter qu'elle n'ait pas été prise avant que la loi relative à l'érection du monument ait été soumise à l'adoption des chambres. Nous osons croire que, s'il en eût été ainsi, la discussion publique aurait tourné tout autrement. Le concours préalable aurait fixé beaucoup d'incertitudes ; une foule de questions eussent été à l'avance posées, préparées et mûries, en sorte qu'un projet tout à fait convenable eût pu être présenté. La discussion aurait suivi son cours sans précipitation, et entièrement roulé sur la question d'art, puisque au fond l'on était à peu près d'accord sur le principe : elle n'eût point abouti à un résultat que notre titre d'artistes nous force à ne point approuver.

Et en exprimant ici l'opinion que nous dicte notre conscience, nous désirons qu'il soit bien entendu que nos idées ne portent aucun caractère de blâme sur ce qui sera définitivement exécuté : des motifs que les artistes ignorent, et dont ils ne sauraient apprécier les conséquences, peuvent en plusieurs cas déterminer l'autorité à telle ou telle mesure.

Ces considérations nous sont étrangères, et nous n'avons pas à nous en occuper : c'est l'art seul qui nous fait parler, et, en ce sens, nous espérons que notre voix sera comprise. Eh! qui donc écouterait-on si l'on refusait de nous entendre? nous dont l'existence matérielle et intellectuelle est immédiatement liée à celle de l'art, qui, à son tour, se continue et se perpétue par les efforts quotidiens que fait chacun de nous pour en atteindre les hauteurs!

C'est donc en notre qualité d'artistes que nous déplorons le parti que l'on a pris d'unir au projet de loi la fixation du lieu où doit être érigé le monument; heureusement la marche de la discussion dans les deux chambres a pu laisser espérer que la décision prise ne serait que *transitoire*, et l'un des plus brillants orateurs de la chambre des députés [1] en a fait l'observation. Nous avons donc tout lieu de penser que le gouvernement, mieux éclairé sur la question, reconnaîtra que les conséquences qu'il semblait craindre sont dépourvues de tout fondement; il sentira combien il importe à l'honneur national, et à sa propre dignité, de ne point sacrifier, comme on l'a fait, les vieux souvenirs à de plus récents. Cachés dans l'église des Invalides, les aigles de l'empire n'obscurciraient-ils pas le soleil de Louis XIV?

Nous ne craignons pas d'affirmer que si le concours eût eu lieu, pas un des concurrents ne se fût avisé de choisir le dôme des Invalides. Les motifs qui écartaient naturellement cette idée sont si nombreux, ils s'offrent si aisément à l'esprit de tous, que l'on se contentera d'en indiquer quelques-uns des plus importants.

D'abord, convient-il de donner un double ou même un triple emploi au monument des Invalides? ne doit-on pas le laisser tout entier à l'objet si utile et si respectable auquel l'a destiné son noble fondateur? ne sera-ce pas sacrifier les vieilles gloires de la France, et altérer le caractère historique de l'un des plus beaux monuments de la capitale? Et d'un autre côté, Napoléon n'est-il donc pas digne d'avoir un monument spécial? doit-il entrer en partage avec quelqu'un, même lorsque ce quelqu'un est Louis XIV, pour obtenir *un peu de terre* dans cette France qui en possédait tant sous son empire ?

D'ailleurs, la ville de Paris est-elle tellement riche en monuments, proprement dits, et s'entassent-ils si nombreux dans ses murs, que l'on doive éviter d'en accroître le nombre, et que l'on en soit, faute de place, réduit à les enfermer les uns dans les autres ? Et c'est au moment où les constructions particulières prennent un caractère d'élégance et de convenance qui fait l'admiration des étrangers, que l'on semble craindre d'élever un monument public qui soit digne du grand sujet qui l'inspire ! On réduit le tombeau du vainqueur d'Austerlitz aux dimensions d'une sorte de meuble ; car, ne vous y trompez pas, placé sous le dôme, ce ne sera pas autre chose, même quand vous le supposeriez de la plus grande dimension. Dans ce dernier cas d'ailleurs, le sommet du tombeau irait se perdre dans l'élévation de la coupole, et, de près ou de loin, ne pourrait être aperçu à un point de perspective convenable ; il s'ensuit que, sous le dôme des Invalides, la tombe de Napoléon, exécutée dans de petites proportions, ne se découvrira qu'à quelques pas de distance, et que, traitée dans des dimensions plus considérables, elle ne se verra pas du tout.

Il est une autre considération, toute matérielle à la vérité, mais dont l'importance est telle qu'elle nous semble de nature à déterminer toutes les indécisions, et qui, si elle eût été universellement connue, aurait certainement fait dès le principe abandonner le projet des Invalides. Tout le monde, en effet, ne sait pas que le dôme de cet édifice est entièrement construit en bois ; un accident pourrait donc en un instant détruire cette belle coupole, et les décombres, tombant sur le tombeau projeté, priveraient à jamais la terre des débris sacrés d'une existence impérissable, de ces débris qui seront désormais le palladium de la France, l'arche sainte qui partout donne la victoire au peuple assez heureux pour la posséder.

Et que deviendront les tombes de ces autres grands hommes qui eux aussi méritent bien quelque souvenir? Qui visitera celles de Turenne et de Vauban, écrasés et annihilés par le voisinage de Napoléon ? Ce n'est pas tout: non-seulement vous arrachez les vieux trophées de Louis XIV et des illustres de son siècle, en les chassant en quelque sorte du lieu qui leur appartenait, mais vous privez l'église des Invalides d'une pieuse destination qu'elle avait depuis quarante ans; ce ne sera plus là désormais que se feront les obsèques et le service des généraux morts au champ d'honneur, car vous ne laissez plus à la patrie la place nécessaire pour leur y dresser un catafalque.

En supposant que le tombeau de Napoléon dût être absolument lié à un édifice existant, n'était-il pas naturel d'en choisir un qui datât de l'époque impériale ? Ne pouvait-on par exemple donner la préférence à celui qui s'achève en ce moment, et dont Napoléon avait lui-même arrêté le programme ? Il eût été facile, tout en rendant le Temple de la Gloire à sa première destination [1], d'y admettre, si on le jugeait convenable, les pompes religieuses du culte catholique. Le Panthéon offrait à peu près les mêmes avantages. Une telle mesure, qui réunissait en sa faveur la logique et l'économie, eût été certainement mieux accueillie que celle à laquelle on s'est arrêté.

Mais, nous l'avons déjà fait sentir, ce n'est pas un monument dans un monument qu'il convient d'ériger, celui que nous demandons doit être complet, unique et entièrement consacré à la mémoire de celui dont il doit couvrir les restes mortels. Nous approuvons de tout cœur la pensée de le construire, non sur une place publique, au milieu du mouvement et du tumulte d'une cité populeuse, mais dans un lieu de paix et de recueillement. Ainsi, nous croyons qu'il faut écarter complétement l'idée de déposer les restes de Napo-

---

1. Décret impérial du 2 décembre 1806, daté du camp de Posen. Un concours fut immédiatement ouvert par M. Champagny, ministre de l'intérieur.

léon sous la colonne de la grande armée : ce ne serait point là un monument tumulaire, et l'on tomberait dans l'inconvénient que nous avons indiqué relativement aux Invalides.

Sans prétendre imposer aux futurs concurrents aucune obligation en ce qui touche l'emplacement à choisir, il en est un dont l'idée nous a semblé si heureuse, que nous lui devons au moins une mention particulière. Nous voulons parler des terrains situés en face du pont d'Iéna, du Champ-de-Mars et de l'Ecole-Militaire, là même où Napoléon voulait que fût construit, et où fut en effet commencé le palais du roi de Rome. Ainsi placé sur les bords de la Seine, ce monument couronnerait le point culminant des hauteurs à l'une des entrées de la capitale, et les étrangers, à leur arrivée à Paris, pourraient le saluer en même temps que l'arc triomphal de la barrière dé l'Etoile. La position et les accidents de terrain offriraient à l'art les ressources les plus heureuses et les plus abondantes : là tout pourrait se montrer empreint d'un caractère religieux et grandiose. L'architecture et la statuaire auraient toute liberté de déployer leurs plus brillantes richesses ; l'avantage de jeter autant de verdure que l'on voudrait dans les parties non occupées par les constructions, la position amphithéâtrale du lieu qui doublerait à l'œil l'étendue de l'espace employé, la facilité de disposer pittoresquement les avenues, l'avantage d'avoir pour fond un horizon borné à la vue par les hauteurs, et qui placerait en quelque sorte l'édifice entre la terre et les cieux ; tout enfin semble indiquer cet endroit comme le plus favorable, tant sous le rapport de l'art, que sous celui de la parfaite convenance. En cette place, quel que fût d'ailleurs le mérite de la construction, le site amènerait infailliblement un de ces retours moraux sur l'instabilité des plans et conceptions des hommes, si haut placés qu'on les suppose ; il montrerait le berceau projeté du fils devenu le tombeau définitif du père.

Quoi qu'il en puisse être sur le choix de l'emplacement ; que l'on fasse, comme nous le désirons un monument isolé, où qu'on le rattache à un édifice existant, nous pensons que la voie du concours sera le seul moyen d'obtenir une exécution satisfaisante. Nous ne devons pas manquer de rappeler ici que le concours trouva toujours dans Napoléon un chaud partisan ; il s'était lui-même montré concurrent si redoutable, qu'il n'avait pas de peine à sentir qu'en ce cas c'est presque toujours la véritable supériorité qui l'emporte.

Telle est aussi notre opinion ; elle est toute consciencieuse, elle est le résultat de la conviction la plus intime et d'un examen approfondi de la question. En la publiant, nous pensons faire une chose bonne et utile : nous croyons que l'autorité a donné assez de preuves de son zèle à favoriser les arts, pour ne pas craindre d'être éclairée en ce qui les touche par ceux que leur profession et leurs habitudes rendent véritablement compétents sur cette matière. Si nous avons critiqué le local auquel un choix précipité a fait donner la préférence, si nous nous sommes opposés à la dénaturalisation d'un édifice qui, dans le plan adopté, perdrait tout à fait son caractère, nous pensons avoir défendu les vrais principes du bon goût, du bon sens et de la vérité historique. Ici nous devons nous féliciter d'avoir exprimé l'opinion même du chef de l'État. En effet, dans le temps où diverses sociétés étaient, dans les occasions solennelles, admises à présenter au roi leurs félicitations, il répondit un jour à la députation de la *Société libre des Beaux-Arts*, QU'IL ÉTAIT ESSENTIEL POUR L'HISTOIRE DES NATIONS DE CONSERVER AUX MONUMENTS LEUR CARACTÈRE[1]. Il était difficile d'entrer mieux dans notre esprit, et cette opinion du roi semble toute faite pour nous encourager à publier la nôtre. Nous persistons donc à croire que le gouvernement, mieux éclairé sur une question si intéressante, ne conservera son projet que comme transitoire. S'il s'agit d'un simple lieu de dépôt, d'un tombeau provisoire, le dôme des Invalides peut avec raison sembler préférable à tout autre : le corps

[1] Réponse au discours de M. Huvé, le président de la société.

de Napoléon s'y trouvera au milieu de ses anciens compagnons d'armes, de ces soldats qui l'aimaient tant, et qui trouvent encore dans le souvenir des grandes choses *qu'ils ont faites ensemble* [1] la plus douce consolation de leurs blessures et de leurs infirmités; ils le garderont jusqu'à ce qu'il soit porté à une demeure qu'il ne quittera plus.

Quant à l'idée d'établir dans l'église des Invalides le monument définitif, elle doit être mise à l'écart; la gloire de cette sépulture effacerait toutes les autres gloires, et pourtant, quelque magnifique que l'on supposât le monument, il paraîtrait en ce lieu petit et mesquin, il y serait à l'étroit. C'est un véritable monument qu'il faut élever, non une simple tombe. N'aurait-on traversé les mers, réclamé à la terre africaine ces illustres restes, que pour les apporter dans une sépulture peu digne de leur haut prix, peu digne de la France? A Sainte-Hélène, du moins, c'était l'île entière qui était le tombeau de l'illustre prisonnier!

En nous résumant, nous devons déclarer que, dans notre intime conviction, la résolution qui a été prise ne nous semble pas, sous le rapport artistique, le seul dont nous ayons à nous occuper, remplir les conditions voulues, et compléter dignement la noble pensée qui a rendu à la France les restes mortels de l'empereur Napoléon; nous avons l'espoir que la décision ne recevra qu'une application provisoire. En conséquence, nous demandons qu'un monument définitif, vraiment digne de son objet, soit mis au concours, et que de ce concours surgisse un projet susceptible d'atteindre le but proposé; projet où devront se montrer la moralité et l'élévation de la pensée, la nouveauté de l'invention, la beauté et la régularité de la forme, enfin, la possibilité de l'exécution. Un tel monument ne sera pas seulement l'ornement stérile d'une capitale, il sera l'expression du vœu d'un grand peuple, et, dans leur admiration, les siècles à venir pourront le confondre avec les belles actions du grand homme dont il renfermera les restes.

[1] Paroles de Napoléon.

BIBLIOTHEQUE ROYALE
I